My First Reading Coloring Book

English - Korean

The queen is beautiful.

여왕은 아름답습니다.

The queen has a pink wand.

여왕은 분홍색 지팡이가 있습니다.

The queen has a wand.

여왕은 지팡이가 있습니다.

The engineer is holding a wrench.

엔지니어가 렌치를 잡고 있습니다.

The engineer is going to fix a fancy blue car.

엔지니어는 멋진 파란 차를 고칠 것입니다.

He has a suitcase.

그는 여행 가방을 가지고있다.

The green frog is trying to catch the fly.

녹색 개구리가 날아 가려고합니다.

The frog is catching a fly.

개구리가 날고있다

The frog is chasing the fly.

개구리가 날아가고있다

The hippo has a big head.

하마는 큰 머리를 가지고 있습니다.

The hippo is amazed at how big his teeth are.

하마는 그의 이빨이 얼마나 큰지에 놀랐습니다.

The hippo has a big head.

하마는 큰 머리를 가지고 있습니다.

He is driving a big icecream truck.

그는 큰 아이스크림 트럭을 운전하고 있습니다.

The ice cream truck is playing a beautiful song.

아이스크림 트럭이 아름다운 노래를 연주하고 있습니다.

Come on! The ice cream truck is here!

어서! 아이스크림 트럭이 여기 있습니다!

My cat likes to eat fish.

내 고양이는 물고기를 좋아합니다.

The cat is looking for more treats.

고양이는 더 많은 간식을 찾고 있습니다.

My cat has big eyes.

내 고양이는 큰 눈을 가지고있다.

The gardener is going to plant flowers

정원사는 꽃을 심을 것입니다

The gardener is going to plant some seeds.

정원사는 씨앗을 심을 것입니다.

The farmer has a beard.

농부는 수염이 있습니다.

The goat is eating grass.

염소가 풀을 먹고 있습니다.

The goat is grazing in the meadow.

염소가 초원에서 풀을 뜯고있다.

The goat is sleepily walking around.

염소가 잠들고 있습니다.

I had a humongous birthday cake for my celebration.

나는 축하를 위해 엄청난 생일 케이크를 먹었다.

This birthday cake has three layers.

이 생일 케이크에는 3 개의 층이 있습니다.

My friend is having a gigantic cake.

내 친구는 거대한 케이크를 먹고 있습니다.

Santa gave reindeer a big present.

산타는 순록에게 큰 선물을 주었다.

The reindeer is late to give his present to his friends.

순록이 친구들에게 선물을 제공하기에 늦었습니다.

Reindeer has a scarf.

순록에는 스카프가 있습니다.

The small cow has orange hair on the top of its head.

작은 젖소는 머리 꼭대기에 주황색 머리카락이 있습니다.

The little cow will eventually be a big one.

작은 소는 결국 큰 것이 될 것입니다.

The young calf is walking in the field.

어린 송아지는 들판에서 걷고 있습니다.

The number "zero" is saying, Ok.

숫자 "0"은 알겠습니다.

The zero is saying fine by making the okay gesture.

괜찮은 몸짓으로 제로가 잘 말하는 것입니다.

I have 0 tails.

꼬리가 0 개 있습니다.

The bat is ready to fly.

박쥐가 날 준비가되었습니다.

The bat is hugging the letter.

박쥐가 편지를 안고 있습니다.

The bat sleeps upside down.

박쥐는 거꾸로 잔다.

The giraffe has an extremely long neck.

기린은 목이 매우 길다.

The giraffe has many spots.

기린에는 많은 반점이 있습니다.

The giraffe eats vegetables.

기린은 야채를 먹는다.

The waiter is serving juice.

웨이터가 주스를 제공하고 있습니다.

The waiter is serving fresh lemonade to a family.

웨이터는 가족에게 신선한 레모네이드를 제공하고 있습니다.

He is wearing a bowtie.

그는 bowtie를 입고있다.

The ant is telling a story.

개미가 이야기를하고 있습니다.

An ant is tiny in size, but very strong.

개미는 크기는 작지만 매우 강합니다.

I found an ant.

나는 개미를 발견했다.

My mom loves to drink tea.

엄마는 차 마시기를 좋아합니다.

The teapot is short and spout.

주전자가 짧고 주둥이입니다.

The teapot has green tea in it.

주전자에 녹차가 들어 있습니다.

The number "five" is trying to give you a high five.

숫자 "five"는 당신에게 하이 파이브를 주려고합니다.

The five are saying its name out loud, so others will know.

5 명이 그 이름을 크게 말하고 있으므로 다른 사람들도 알게 될 것입니다.

I have five fingers on 1 of my hands.

내 손 중 하나에 다섯 손가락이 있습니다.

He is going to work with his suitcase.

그는 가방을 가지고 일할 것입니다.

The businessman is calling his boss.

사업가 그의 상사를 호출합니다.

He has a walkie talkie.

그는 무전기가 있습니다.

The rooster is on the fence.

수탉은 울타리에 있습니다.

The rooster is waking up everybody.

수탉은 모두를 깨우고 있습니다.

The rooster is going to wake people up.

수탉은 사람들을 깨울 것입니다.

Funny, Mr. Clown is giving away colorful balloons.

재미 있고, 광대 씨는 다채로운 풍선을 선물하고 있습니다.

The clown is holding three colorful balloons.

광대는 세 가지 다채로운 풍선을 들고있다.

The clown likes to give out balloons to little kids.

광대는 어린 아이들에게 풍선을주는 것을 좋아합니다.

The snake is licking its lip because it is hungry.

뱀은 배가 고파서 입술을 핥고있다.

The snake is very slimy.

뱀은 매우 칙칙합니다.

The snake has polka dots.

뱀에는 물방울 무늬가 있습니다.

The chick is on the telephone talking with his friend.

병아리가 전화로 친구와 이야기하고 있습니다.

The little chick is using his mother's phone to play music.

작은 병아리가 어머니의 전화를 사용하여 음악을 재생합니다.

The bird is small.

새가 작습니다.

Santa is lugging a large brown bag of gifts to his sley.

산타는 그의 갈색 머리에 큰 갈색 가방을 선물하고있다.

Santa Claus is carrying a leather bag filled with gifts.

산타 클로스는 선물로 가득 찬 가죽 가방을 들고 있습니다.

Santa is going to give out presents.

산타는 선물을 줄 것이다.

The number "three" is saying you got 3 out of 3.

숫자 "3"은 3에서 3을 얻었음을 나타냅니다.

Number three is counting to three.

3 번은 3으로 세고 있습니다.

I have three buttons on my dress.

드레스에 버튼이 3 개 있습니다.

The maid is going to clean the hotel room.

하녀가 호텔 방을 청소하려고합니다.

The maid has a big brown broom.

하녀는 큰 갈색 빗자루가 있습니다.

My mom's friend is a maid.

엄마의 친구는 하녀입니다.

The little boy was running.

어린 소년이 달리고있었습니다.

The sprinter is winning first place in a race.

스프린터는 레이스에서 1 위를 차지했습니다.

The boy is running.

소년이 달려요.

A rat is on top of the letter M

쥐가 편지 M 위에있다

The mouse has very long whiskers.

마우스는 매우 긴 수염을 가지고 있습니다.

I like mice.

나는 쥐를 좋아한다.

The rabbit goes out to buy more orange carrots.

토끼는 주황색 당근을 더 사러 나갑니다.

The rabbit just plucked some carrots out of the garden.

토끼는 정원에서 당근을 뽑아 냈습니다.

The Easter Bunny is going to give out chocolate eggs.

부활절 토끼는 초콜릿 달걀을 줄 것입니다.

My mom bought me a new backpack to take to school.

우리 엄마는 학교에 데려다 줄 새 배낭을 사 줬어요.

The green backpack is holding all my belongings.

녹색 배낭은 내 소지품을 모두 잡고 있습니다.

My bag has many pockets.

내 가방에는 많은 주머니가 있습니다.

The rabbit is thinking about something.

토끼는 무언가를 생각하고 있습니다.

The rabbit is confused.

토끼는 혼란스러워합니다.

The rabbit has long ears.

토끼는 귀가 길다.

The one is saying its name.

하나는 그 이름을 말하고 있습니다.

Number one got first place at a competition.

경쟁에서 1 위를 차지했습니다.

I have one nose.

코가 하나 있습니다.

The Pencil is saying hello to you.

연필이 당신에게 인사하고 있습니다.

The pencil is scribbling a line with the lead.

연필이 납과 선을 긋습니다.

The pencil is drawing a zig-zag line.

연필이 지그재그 선을 그립니다.

The scientist is making a potion.

과학자는 물약을 만들고 있습니다.

The woman is learning how to become a scientist.

여자는 과학자가되는 법을 배우고있다.

He has a potion.

그는 물약이 있습니다.

A little cow is walking around near the barn.

작은 암소가 헛간 근처를 걷고있다.

The calf is wandering around.

송아지가 방황하고 있습니다.

That is a baby cow.

그것은 아기 젖소입니다.

The elephant has a long trunk to spray water.

코끼리는 물을 뿌리기 위해 긴 줄기를 가지고 있습니다.

The elephant has a long trunk.

코끼리는 줄기가 길다.

The elephant lives in the zoo.

코끼리는 동물원에 산다.

The queen bee has a beautiful wand.

여왕벌에는 아름다운 지팡이가 있습니다.

The beehive has a leader who is a magical bee.

벌집에는 마법의 꿀벌 리더가 있습니다.

She is wearing a crown.

그녀는 왕관을 쓰고있다.

The children are going on a field trip on the yellow bus.

아이들은 노란 버스에서 견학을갑니다.

The children go to school on a bus.

아이들은 버스를 타고 학교에갑니다.

The kids on the school bus are going to school.

스쿨 버스에있는 아이들이 학교에 다니고 있습니다.

Rabbit thinks that the juicy orange carrot looks yummy.

토끼는 육즙이 많은 주황색 당근이 맛있어 보인다고 생각합니다.

The bunny is bringing a giant carrot to its family for dinner.

토끼는 저녁 식사를 위해 가족에게 거대한 당근을 가져오고 있습니다.

The bunny likes to eat carrots.

토끼는 당근을 좋아합니다.

The chef serves delicious-looking food.

요리사는 맛있는 음식을 제공합니다.

The chef made yummy pasta for everyone to share.

요리사는 모두가 공유 할 수있는 맛있는 파스타를 만들었습니다.

The chef has a napkin.

요리사는 냅킨을 가지고 있습니다.

The graceful swan is striding through the water.

우아한 백조가 물을 뚫고 있습니다.

The beautiful swan is eating a piece of green vegetables.

아름다운 백조가 녹색 채소를 먹고 있습니다.

The swan is beautiful.

백조가 아름답습니다.

The wizard likes to work with magic.

마법사는 마술을 좋아합니다.

The wizard is going to summon a great big dragon.

마법사는 큰 용을 소환합니다.

The magician has a wand.

마술사는 지팡이를 가지고있다.

The elephant is shy.

코끼리는 부끄러워합니다.

The elephant has big ears.

코끼리는 귀가 크다.

The elephant has eyelashes.

코끼리는 속눈썹이 있습니다.

The delivery man sent us a package.

배달원이 우리에게 패키지를 보냈습니다.

The workman is towing some heavy boxes.

노동자는 무거운 상자를 견인하고 있습니다.

He is sleepy.

그는 졸려요.

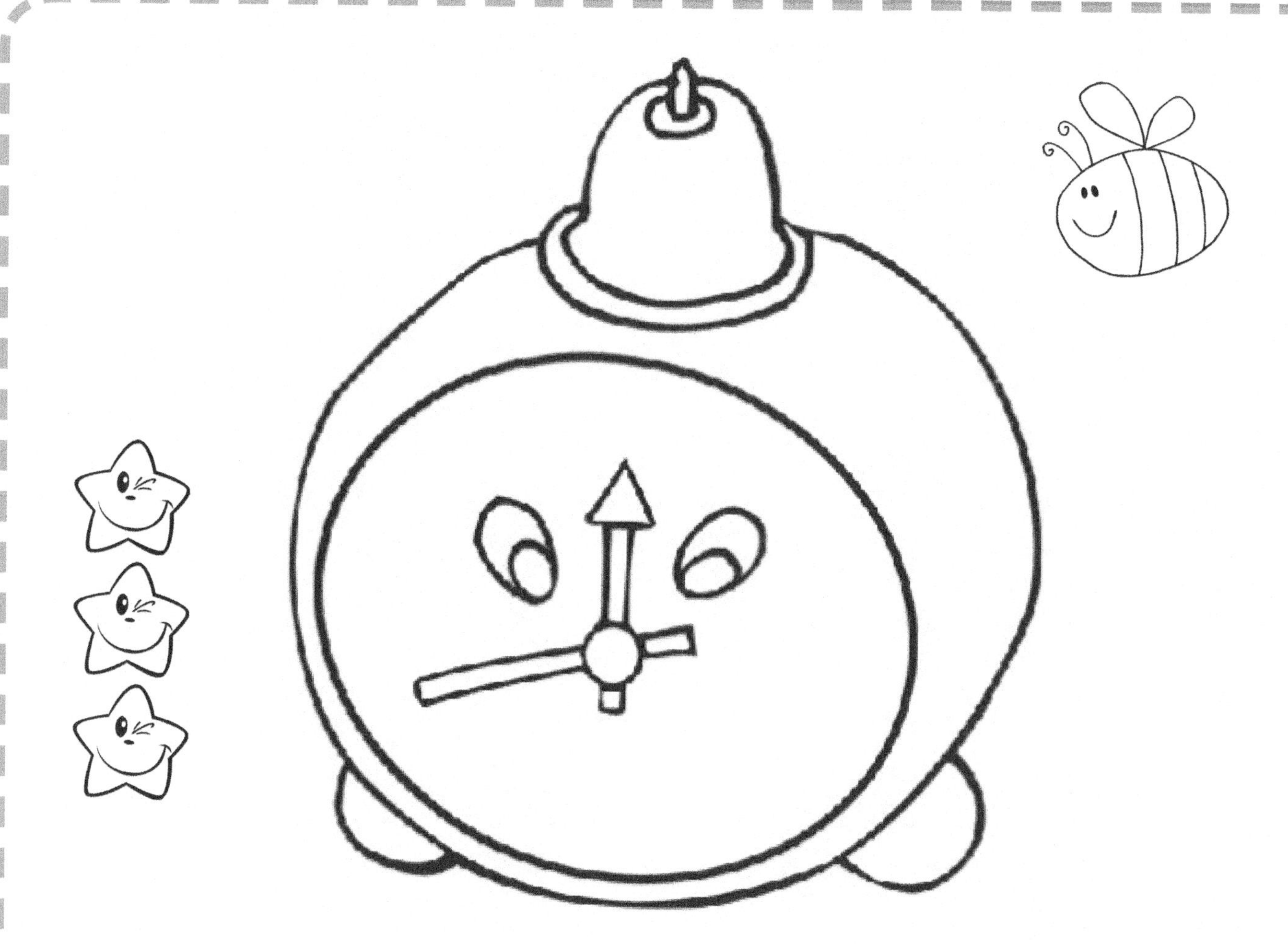

There is a big alarm clock on my desk.

책상 위에 큰 알람 시계가 있습니다.

The alarm clock is sometimes very annoying

자명종은 때때로 매우 성가시다

The alarm rings every morning.

매일 아침 알람이 울립니다.

There is jam on the bread.

빵에 잼이 있습니다.

You can put jam on toast to give it more taste.

더 많은 맛을 내기 위해 토스트에 잼을 넣을 수 있습니다.

Mom bought a new bottle of jam.

엄마는 새로운 잼 병을 구입했습니다.

My toy box contains a lot of toys.

내 장난감 상자에는 많은 장난감이 들어 있습니다.

The toy chest is full of toys.

장난감 상자에는 장난감이 가득합니다.

I have stuffed animals, balls, and other toys in my toy box.

장난감 상자에 동물, 공 및 기타 장난감을 박제했습니다.

The animals are happy being together again.

동물들은 다시 함께 행복합니다.

The animals are having a giant sleepover.

동물들은 거대한 수면을 취하고 있습니다.

There are a lot of animals.

많은 동물이 있습니다.

The animals are having a big celebration.

동물들은 큰 축하를 받고 있습니다.

The animals invited the monkey and the parrot to join their sleepover.

동물들은 원숭이와 앵무새에게 그들의 숙면을 초대했습니다.

I went to the zoo.

나는 동물원에 갔다.

The green parrot came from the forest to the zoo.

녹색 앵무새는 숲에서 동물원으로왔다.

The parrot is just learning how to fly in the sky.

앵무새는 하늘을 나는 법을 배우고 있습니다.

The parrot is colorful.

앵무새는 화려하다.

The tiger is wearing a bow on its neck.

호랑이가 목에 활을 끼고 있습니다.

A formal tiger is waving his hand for a yellow taxi.

정식 호랑이가 노란색 택시를 향해 손을 흔들며있다.

It is orange and black.

주황색과 검은 색입니다.

A violin can play beautiful music if played correctly.

바이올린을 올바르게 연주하면 아름다운 음악을 연주 할 수 있습니다.

The violin is one of the most fantastic instruments.

바이올린은 가장 환상적인 악기 중 하나입니다.

The violin is a musical instrument.

바이올린은 악기입니다.

My duck, stuffed animal, is wearing a hat.

동물 인형 인 오리가 모자를 쓰고 있습니다.

The little duck is very squeaky.

작은 오리는 매우 시끄 럽습니다.

The toy duck has webbed feet.

장난감 오리에는 물갈퀴가 있습니다.

He likes to paint.

그는 그림을 좋아합니다.

The house painter is almost done with his daily work.

집 화가는 그의 일상 작업으로 거의 끝났습니다.

He has a bucket of paint.

그는 물통이 있습니다.

The dragon is using the rock to build its house.

용은 바위를 사용하여 집을 짓고 있습니다.

The dinosaur is getting a plate for his food.

공룡이 음식 접시를 받고 있습니다.

The dinosaur has a pillow.

공룡에는 베개가 있습니다.

The number "two" is holding up bunny ears.

숫자 "2"는 토끼 귀를 잡고 있습니다.

Number two is posing for a selfie.

2 번은 셀카를 위해 포즈를 취하고 있습니다.

I have two ears.

두 귀가 있습니다.

The maid is cleaning our room.

가정부가 우리 방을 청소하고 있습니다.

The little girl is carrying two buckets loads of water.

어린 소녀는 두 개의 물통을 들고 있습니다.

The girl is wearing a dress.

여자 아이가 드레스를 입 었어요.

The happy frog is wearing a green hat.

행복한 개구리는 녹색 모자를 쓰고있다.

The green frog is wearing a green hat.

녹색 개구리가 녹색 모자를 쓰고 있습니다.

The frog is going to a party.

개구리가 파티에가요.

Ram has a large horn and fluffy wool.

램은 큰 뿔과 푹신한 양모를 가지고 있습니다.

The ram is smiling because it just took a bath.

방금 목욕을했기 때문에 숫양이 웃고 있습니다.

This ram lives in the farmhouse.

이 램은 농가에 산다.

We use the umbrella when it's raining.

비가 올 때 우산을 사용합니다.

The umbrella shelters you.

우산은 당신을 보호합니다.

It's raining.

비가옵니다.

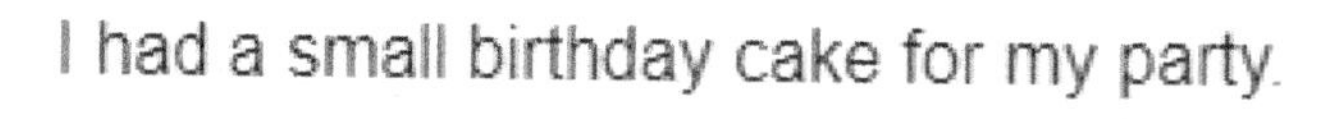

I had a small birthday cake for my party.

나는 파티를 위해 작은 생일 케이크를 먹었다.

This birthday cake is for a little kids.

이 생일 케이크는 작은 아이를위한 것입니다.

I have a candle on my cake.

케이크에 촛불이 있습니다.

The ladybug is on the leaf.

무당 벌레는 잎에 있습니다.

The ladybug is smiling.

무당 벌레가 웃고있다.

The ladybug has six legs.

무당 벌레에는 6 개의 다리가 있습니다.

The smiling number nine is saying its name out loud.

웃는 아홉은 그 이름을 크게 말하고있다.

The nine is saying that 4+5=9.

아홉은 4 + 5 = 9라고 말합니다.

My sister has nine stuffed animals.

언니는 9 마리의 박제 동물을 가지고 있습니다.

The magician plays a trick.

마술사는 마술을합니다.

The magician summoned a rabbit out of his hat.

마술사는 모자에서 토끼를 소환했습니다.

The rabbit is very young.

토끼는 아주 어리다.

The bee is wearing a pink pacifier to calm itself.

벌은 진정시키기 위해 분홍색 젖꼭지를 입고 있습니다.

The baby bees have very tiny wings.

아기 꿀벌은 매우 작은 날개를 가지고 있습니다.

The baby bee has yellow and black stripes.

아기 꿀벌은 노란색과 검은 색 줄무늬가 있습니다.

My dad works on the computer.

아빠는 컴퓨터에서 일 해요.

The laptop is saying hi to the user.

노트북이 사용자에게 인사하고 있습니다.

That is my dad's computer.

우리 아빠 컴퓨터 야

Teddy is licking a red and white candy cane.

테디는 빨간색과 흰색 사탕 지팡이를 핥고 있습니다.

The brown teddy bear is wearing a bright green hat.

갈색 곰이 밝은 녹색 모자를 쓰고 있습니다.

The bear likes to eat sweets.

곰은 과자를 좋아합니다.

A smart owl is reading an alphabet book.

똑똑한 올빼미가 알파벳 책을 읽고 있습니다.

The young brown owl is learning to read.

어린 갈색 올빼미는 읽는 법을 배우고 있습니다.

Owl likes to read big books.

올빼미는 큰 책을 읽는 것을 좋아합니다.

Talented, Mr. Clown is juggling five red balls.

재능있는 광대 씨는 5 개의 빨간 공을 저글링하고 있습니다.

The funny clown is juggling with skill.

재미있는 광대가 기술로 저글링합니다.

The clown is juggling balls for his performance.

광대는 그의 공연으로 공을 저글링하고 있습니다.

The cat is taking a nap.

고양이가 낮잠을 자고 있습니다.

The cat is very sleepy.

고양이는 매우 졸려요.

The cat is very tired.

고양이는 매우 피곤하다.

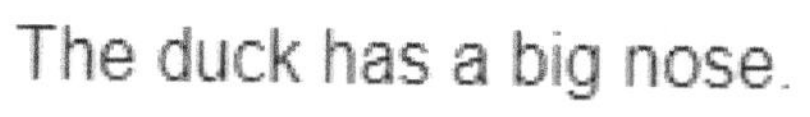

The duck has a big nose.

오리는 큰 코를 가지고 있습니다.

The duck just dropped its little oval eggs.

오리는 작은 타원형 알을 떨어 뜨렸습니다.

The duck has three eggs.

오리에는 3 개의 알이 있습니다.

The one and the zero are holding hands.

하나와 제로가 손을 잡고 있습니다.

One and Zero together are ten.

1과 0은 10입니다.

I have ten toes in total.

발가락이 총 10 개 있습니다.

The kite is on the ground.

연이 지상에 있습니다.

The kite is on the ground.

연이 지상에 있습니다.

The kite has a beautiful tail.

연에는 아름다운 꼬리가 있습니다.

This dog is wagging its tail for more treats.

이 개는 더 많은 간식을 위해 꼬리를 흔들고 있습니다.

The dog has a golden collar.

개는 금 목걸이가 있습니다.

That is a fat dog!

뚱뚱한 개입니다!

He is playing a lively tune on his flute.

그는 그의 플루트에서 활발한 곡을 연주하고 있습니다.

The boy is practicing the flute to be ready at school.

소년은 학교에서 준비하기 위해 플루트를 연습하고 있습니다.

He is a musician.

그는 음악가입니다.

Mr. Snowman is celebrating Christmas by the decorated tree.

눈사람 씨는 장식 된 나무로 크리스마스를 축하합니다.

The snowman is having a Christmas party.

눈사람이 크리스마스 파티를하고 있습니다.

This snowman is my friend, and he is a helper of Santa.

이 눈사람은 내 친구이고 산타의 도우미입니다.

The turtle has a robust shell but is very slow.

거북이는 견고하지만 껍질이 매우 느립니다.

The tortoise lives on land, unlike turtles.

거북이와 달리 거북이는 육지에 산다.

The tortoise has a pointy shell.

거북이는 뾰족한 껍질을 가지고 있습니다.

The farmer is driving his truck.

농부가 트럭을 운전하고 있습니다.

The farmer is driving a tractor.

농부가 트랙터를 운전하고 있습니다.

The farmer is chewing on a piece of wheat.

농부는 밀 한 조각을 씹고있다.

The lion is big.

사자가 크다.

The lion is chasing its tail.

사자가 꼬리를 쫓고 있습니다.

The lion is timid.

사자는 소심합니다.

The walrus has unusually sharp teeth.

해마는 비정상적으로 날카로운 이빨을 가지고 있습니다.

The walrus has a tail.

해마는 꼬리가 있습니다.

The walrus has a friend.

해마에는 친구가 있습니다.

An owl is teaching the kids in school about work.

올빼미는 학교 아이들에게 일에 대해 가르치고 있습니다.

Mr.Owl teaches the 3rd grade.

Mr.Owl은 3 학년을 가르칩니다.

The owl is a language arts teacher.

올빼미는 언어 예술 교사입니다.

The crocodile is excited.

악어는 흥분된다.

The jumping crocodile is happy.

점프하는 악어는 행복합니다.

The alligator is jumping.

악어가 뛰고있다.

The Chipmunk is about to eat a brown acorn.

다람쥐가 갈색 도토리를 먹으려 고합니다.

The chipmunk brought home a giant acorn.

다람쥐는 거대한 도토리를 집으로 가져 왔습니다.

The chipmunk has a soft tummy.

다람쥐는 부드러운 배가 있습니다.

The rattlesnake is looking for its dinner.

방울뱀은 저녁 식사를 찾고 있습니다.

The anaconda is the longest snake in the world.

아나콘다는 세계에서 가장 긴 뱀입니다.

The cobra is very lovely.

코브라는 매우 사랑 스럽습니다.

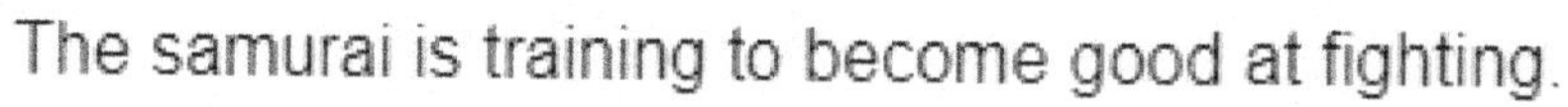

The samurai is training to become good at fighting.

사무라이는 전투에 능숙 해 지도록 훈련하고 있습니다.

The samurai is chasing away his enemy.

사무라이가 적을 쫓고 있습니다.

The samurai is going for a morning jog.

사무라이가 아침 조깅을하려고합니다.

The Easter Bunny is painting a chocolate egg.

부활절 토끼는 초콜릿 달걀을 그림입니다.

The Easter Bunny likes to paint eggs.

부활절 토끼는 계란을 페인트하는 것을 좋아합니다.

The rabbit is entering an egg painting contest.

토끼가 달걀 그림 콘테스트에 참가하고 있습니다.

The dragon is playing the guitar.

용이 기타를 연주하고 있습니다.

The dinosaur's dream is to become a wonderful rock star.

공룡의 꿈은 멋진 록 스타가되는 것입니다.

The dinosaur is a rock star.

공룡은 록 스타입니다.

The cereal box got a magician set for Christmas.

시리얼 박스에는 크리스마스 마술사 세트가 있습니다.

The boy got a wizard action figure for his birthday.

소년은 생일에 마법사 액션 피규어를 얻었다.

The book has a wand.

이 책에는 지팡이가 있습니다.

The Pencil is leaving to go on a long relaxing vacation.

연필은 오랫동안 편안한 휴가를 떠나고 있습니다.

The pencil wakes up bright and early to go to work.

연필은 밝고 일찍 일어나서 출근합니다.

The pencil put on a big smile and went to work.

연필이 크게 웃으며 일하러 갔다.

The boy is late for school, so he is sprinting.

소년은 학교에 늦어서 질주하고있다.

The boy is preparing for school.

소년이 학교를 준비하고 있습니다.

The boy is excited to go to school.

소년은 학교에 갈 것을 기쁘게 생각합니다.

The octopus has eight tentacles.

문어에는 8 개의 촉수가 있습니다.

The octopus has very long tentacles.

문어는 매우 긴 촉수를 가지고 있습니다.

The octopus lives underwater.

문어는 수중에 산다.

Mr. Snowman is holding a broom and saying goodbye.

눈사람 씨는 빗자루를 들고 작별 인사를하고 있습니다.

The snowman was just done cleaning the yard.

눈사람은 마당 청소를 마쳤습니다.

I made a snowman.

나는 눈사람을 만들었습니다.

An astronaut has to explore our universe so that we would have more knowledge.

우주 비행사가 더 많은 지식을 갖기 위해 우주를 탐험해야합니다.

The astronaut saw something in the distance.

우주 비행사가 멀리서 무언가를 보았습니다.

The astronaut is going on a mission.

우주 비행사가 임무를 수행하고 있습니다.

The penguin lives in the arctic.

펭귄은 북극에 산다.

The penguin lives in cold regions.

펭귄은 추운 지역에 산다.

The penguin eats fish.

펭귄은 물고기를 먹는다.

The chicken is saying hello to us.

닭이 우리에게 인사하고 있습니다.

The white chicken is wearing an artist's hat.

흰 닭이 예술가 모자를 쓰고있다.

The rooster has a big beak.

수탉은 큰 부리를 가지고 있습니다.

The dragon just ate something spicy, so he needed water.

용은 단지 매운 것을 먹었으므로 물이 필요했습니다.

The dragon is very thirsty.

용은 매우 목이 말라 요.

The dragon is sick.

용은 아프다.

The happy and excited eight is holding up eight fingers

행복하고 흥분된 여덟은 여덟 손가락을 들고있다

The eight is licking its lip because it sees eight trays of fried chicken.

여덟은 프라이드 치킨의 여덟 쟁반을보기 때문에 입술을 핥고있다.

A spider has eight legs.

거미는 다리가 8 개입니다.

The zebra has black and white stripes.

얼룩말에는 검은 색과 흰색 줄무늬가 있습니다.

The zebra is smiling widely

얼룩말은 널리 웃

The zebra has a tail.

얼룩말에는 꼬리가 있습니다.

The boy is carrying so many books!

소년은 너무 많은 책을 가지고있다!

The smart little boy is carrying heavy books to study.

똑똑한 어린 소년이 공부할 무거운 책을 들고 있습니다.

The boy is carrying a lot of books.

소년은 많은 책을 가지고있다.

The xylophone is an instrument like the piano.

실로폰은 피아노와 같은 악기입니다.

The xylophone is a very cool instrument.

실로폰은 매우 멋진 악기입니다.

The xylophone is a colorful instrument.

실로폰은 화려한 악기입니다.

The policeman is mad.

경찰관이 화났다.

The policeman is angry at some rotten teenagers.

경찰관은 일부 썩은 십대들에게 화를냅니다.

He is wearing sunglasses.

그는 선글라스를 쓰고있다.

The frog is smiling because it is happy.

개구리는 행복하기 때문에 웃고 있습니다.

The frog is happy and excited.

개구리는 행복하고 흥분합니다.

The frog has a big smile.

개구리는 큰 웃음을 가지고있다.

Chef Octopus is serving a delicious turkey dinner.

Chef Octopus는 맛있는 칠면조 저녁 식사를 제공합니다.

The octopus cooked delicious food for its friends.

문어는 친구들을 위해 맛있는 음식을 요리했습니다.

The octopus is working as a chef and serving food.

문어는 요리사로 일하고 음식을 제공합니다.

The frog is waving to us.

개구리가 우리에게 손을 흔든다.

The frog says goodbye to me and you.

개구리는 나와 당신에게 작별 인사를합니다.

The frog has a big mouth.

개구리는 큰 입을 가지고 있습니다.

The cute monster is flying around.

귀여운 괴물이 날고있다.

The monster has a pointy horn.

괴물은 뾰족한 뿔이 있습니다.

The little monster has a long tail.

작은 괴물은 꼬리가 길다.

Santa Claus is giving extraordinary presents to excited kids.

산타 클로스는 흥분된 아이들에게 특별한 선물을주고 있습니다.

Santa Claus is delivering presents to the children.

산타 클로스는 아이들에게 선물을 전달하고 있습니다.

Santa is happy.

산타는 행복하다.

The builder man has gone to work on a project.

건축업자가 프로젝트를 진행했습니다.

The man has bought a shiny new hammer.

그 남자는 반짝이는 새 망치를 샀습니다.

The man has an ancient hammer.

그 남자는 고대 망치를 가지고있다.

Made in the USA
Coppell, TX
28 December 2020